AF313131

MINISTÈRE DE L'INTÉRIEUR ET DES CULTES

RAPPORT[1]

DE

M. LÉPINE, Préfet de Police

SUR LA

RÉGLEMENTATION DE LA PROSTITUTION

A PARIS

et dans le département de la Seine.

Messieurs, le représentant de la Sûreté générale dans notre Commission vous exposera l'état de la réglementation de la prostitution en France, en laissant de côté l'organisation spéciale à la ville de Paris et au département de la Seine.

Vous avez bien voulu me charger de vous présenter cet exposé, en ce qui concerne le ressort de la préfecture de police. Je me propose, Messieurs, d'attirer votre attention sur les points suivants :

1° sources légales des règlements sur la prostitution à Paris ;

2° tentatives infructueuses faites à diverses époques pour modifier ou codifier cette réglementation ;

3° mesures essentielles prises par l'administration à l'égard des prostituées ;

4° modifications que j'ai cru devoir apporter, dans la limite de mes pouvoirs, au service des mœurs ;

5° état statistique de la prostitution à Paris.

---

[1] Ce rapport a été préparé pour la Commission d'Étude des questions relatives à la prophylaxie des maladies vénériennes et réimprimé à la demande de la Commission Extraparlementaire du Régime des mœurs.

I. — Sources légales des règlements sur la prostitution à Paris.

Comme vous le savez, Messieurs, la loi du 5 avril 1884, dans laquelle les maires puisent la justification de leur pouvoir réglementaire en matière de mœurs, n'est pas applicable à Paris.

Aussi rencontre-t-on, surtout dans le camp des abolitionnistes, un grand nombre de détracteurs de notre système de réglementation. D'autres encore considèrent la pratique suivie en cette matière plutôt comme une illégalité nécessaire que comme l'exercice d'un droit positif.

Tel n'est point mon sentiment.

On oublie qu'en vertu des attributions municipales qui lui sont dévolues par l'arrêté du 12 messidor an VIII, le préfet de police se trouve spécialement chargé de la surveillance de la prostitution. Sur ce point les articles 9, 22 et 23 du dit arrêté peuvent être invoqués. En voici la teneur :

Art. 9. — Le préfet de police fera surveiller les maisons de débauche, ceux qui y résideront ou s'y trouveront.

Art. 22. — Il procurera la liberté et la sûreté de la voie publique.

Art. 23. — Il assurera la salubrité de la ville en prenant des mesures pour prévenir et arrêter les épidémies, les épizooties, les maladies contagieuses.

Ce pouvoir du préfet de police a été étendu à tout le département de la Seine par la loi du 10 juin 1853, aux communes de Saint-Cloud, Meudon et Sèvres par l'arrêté des consuls du 3 brumaire an IX, et enfin à la commune d'Enghien par la loi des 7-24 août 1850.

D'autre part, la loi des 16-22 juillet 1791 aussi bien applicable à Paris qu'aux départements, porte (art. 10) : « Les officiers de police pourront entrer en tout temps dans les lieux notoirement livrés à la débauche. »

Le droit de réglementation du préfet de police, en matière de mœurs, est donc parfaitement légal. Quant à la réglementation elle-même, elle tire son origine des ordonnances et édits royaux et elle a été successivement appliquée par les prévôts de Paris et par les lieutenants généraux de police, prédécesseurs en fait des préfets de police.

Les seuls de ces règlements anciens qu'il soit nécessaire d'indiquer ici sont :

1° l'ordonnance royale du 20 avril 1684 (annexe I) qui affecte la maison de la Salpêtrière à la réclusion des femmes de mauvaise vie et « ordonne que les sentences rendues en cette matière par le lieutenant de police soient exécutées comme de juge en dernier ressort » ;

2° l'ordonnance de police du 6 novembre 1778 (annexe II) qui interdit aux propriétaires, principaux locataires et logeurs de louer à des filles de débauche ;

3° l'ordonnance de police du 8 novembre 1780 qui applique la même prohibition aux limonadiers, cabaretiers et autres débitants (annexe III).

Malgré les modifications profondes qui se sont introduites dans l'organisation des pouvoirs publics, le préfet de police, demeure, plus de cent ans après la chute de l'ancien régime, investi du pouvoir, discrétionnaire attribué par Louis XIV au lieutenant de police à l'égard des filles de débauche.

Cet état de choses, tout contraire qu'il paraisse être à nos conceptions nouvelles du droit et au principe de la séparation des pouvoirs, s'est perpétué sous tous les gouvernements, jusqu'à nos jours, parce qu'il est à la fois nécessaire et légitime. Aussi les tribunaux n'ont-ils jamais contesté ce pouvoir tout spécial de l'administration.

La question cependant a été agitée à différentes reprises : l'opinion s'est parfois émue et le Parlement a été saisi de nombreux projets sur cette matière. Permettez-moi, Messieurs, de vous rappeler ce qui en est advenu.

II. — Tentatives infructueuses faites à diverses époques pour modifier ou codifier cette réglementation.

Dès l'an IV de la République, le 17 nivôse, le Directoire exécutif adressait au conseil des Cinq-Cents un message pour appeler son attention sur la nécessité de rajeunir les ordonnances relatives à la prostitution et de définir par une loi ce qui constitue la fille publique.

Les termes de ce message décèlent une double préoccupation :

1° assimiler la prostitution au délit et la punir de peines correctionnelles ;

2° assigner à la procédure et au jugement une forme particulière.

Une commission fut nommée pour étudier les propositions du Directoire, mais les travaux de cette commission n'aboutirent pas.

Les législateurs ne purent ou ne voulurent définir ce qui constitue la fille publique ; en second lieu, ils estimèrent sans doute que la création d'un tribunal spécial, jugeant à huis clos, sans instruction préalable, sans l'audition de témoins ni l'assistance d'avocats, eût été incompatible avec les formes de la justice.

Cependant, le 7 germinal an V (1798). le conseil des Cinq-Cents fut encore saisi d'une proposition analogue à la précédente, présentée par Bancal, l'un de ses membres. Cette proposition fut combattue et repoussée par un ordre du jour motivé sur ce qu'il existait des règlements très précis qu'il suffisait de mettre à exécution. Or, les règlements auxquels se référait le conseil des Cinq-Cents étaient précisément ceux que je vous ai rappelés tout à l'heure.

La juridiction administrative se trouva donc maintenue par la force des choses.

En 1810, lors de la refonte de notre droit pénal, les législateurs ne crurent pas devoir insérer dans le Code une disposition relative à la question qui nous occupe. Mais l'article 484 du Code

pénal a sanctionné les anciens règlements. Cet article est ainsi.
conçu :

« Dans toutes les matières qui n'ont pas été réglées par le
présent Code et qui sont régies par des lois et règlements particuliers,
les cours et tribunaux continueront de les observer. »

Lorsque cet article fut édicté, l'orateur du gouvernement, en
énumérant les matières visées implicitement dans cet article, y comprit
la prostitution.

Plus tard, notamment, en 1811, 1816, 1819, 1822, 1848, des
administrateurs, s'entourant des conseils de jurisconsultes, essayèrent
de formuler des projets de réglementation appropriés, autant que
possible, aux exigences de la morale et plus conformes aux principes
du droit actuel. Leur tentative échoua.

Plus près de nous, le 8 mai 1877, le Sénat vota un ordre du
jour contenant ce passage :

« Il existe toute une législation sur la matière, depuis 1789
jusqu'à nos jours, à laquelle il est prudent de ne toucher qu'avec
une extrême réserve, car le temps et l'expérience en ont démontré
l'efficacité. »

Enfin, plus récemment encore, en mai 1895, notre éminent
collègue, M. Bérenger, déposa sur le bureau du Sénat un projet
de loi « sur la prostitution et les outrages aux bonnes mœurs ».
Le souvenir des discussions très vives et très intéressantes auxquelles
donna lieu cette tentative est encore dans toutes les mémoires. Mais,
vous le savez aussi, Messieurs, le projet, bien qu'adopté en première
délibération, n'aboutit pas.

Dans ces conditions, le préfet de police n'a pu que maintenir les
modes de surveillance et de répression qui sont consacrés par une
expérience plus que séculaire et qui ont été, sinon légalisés, du moins
tolérés et approuvés par tous les pouvoirs publics, qui en ont reconnu
l'efficacité.

J'en arrive, Messieurs, à l'exposé de cette réglementation elle-
même.

III. — Mesures essentielles prises par l'administration
à l'égard des prostituées.

Toute la réglementation. en matière de prostitution, n'est que la conséquence de ce principe général. posé dans l'article 5o de la loi du 14 décembre 1789, qui a constitué les municipalités : « faire jouir les habitants des avantages d'une bonne police ». Elle a pour but d'assurer et maintenir le bon ordre et de sauvegarder la santé publique.

Dispensaire. — Ce dernier point de vue, qui fait l'objet de nos plus vives préoccupations actuelles, a donné lieu à diverses mesures de protection et, notamment, à l'institution du dispensaire de salubrité dont je vous rappellerai l'origine.

Autrefois, les prostituées vénériennes étaient séquestrées dans un asile de traitement d'où elles ne pouvaient sortir qu'après guérison, mais les filles n'étaient l'objet d'aucune mesure sanitaire préventive ; elles n'étaient soumises à l'examen corporel qu'après arrestation.

C'est seulement en 1798 qu'apparaissent sous le patronage administratif, mais avec un caractère privé, les premières visites médicales des filles en circulation. Ces visites étaient faites par un seul médecin, dans un local choisi par lui, et elles restaient limitées aux filles qui s'y soumettaient volontairement.

Ce fut un arrêté du préfet de police en date du 12 ventôse an X (3 mars 1803) qui prescrivit la visite périodique et préventive des filles publiques dans les maisons de débauche.

Enfin, la mesure fut complétée, par l'arrêté du 1ᵉʳ prairial an XIII (21 mai 1805), qui ordonna l'établissement d'une salle de santé ou dispensaire.

A cette époque, on exigea des maîtresses de maisons et des filles le payement des visites faites par les médecins. Mais, cette obligation servant de prétexte aux prostituées pour ne pas se soumettre à la visite, le conseil municipal décida, en 1828, sur la proposition du préfet de police, que la taxe serait abolie et que les dépenses du dispensaire seraient supportées par le budget de la ville. Cette mesure reçut son application à partir du 1ᵉʳ janvier 1829.

Depuis lors, aucune modification importante ne s'est produite dans l'organisation du dispensaire, dont le fonctionnement est réglé par l'arrêté du 12 juillet 1883 (annexe IV).

Ainsi, l'obligation de la visite sanitaire est actuellement l'un des éléments les plus essentiels de la réglementation de la prostitution et l'une des mesures qui contribuent le plus à la sauvegarde de la santé publique.

Surveillance. — Mais, pour que cette obligation soit réelle et cette mesure efficace, il est nécessaire que les prostituées soient surveillées d'une manière constante par l'administration.

Autrefois cette surveillance était confiée à une brigade spéciale dite « brigade des mœurs » placée sous la direction d'un officier de paix. A la suite d'incidents dont vous avez sans doute, Messieurs, gardé le souvenir, l'un de mes prédécesseurs, M. Andrieux, supprima cette brigade et en versa le personnel dans le service de sûreté.

A mon arrivée à la préfecture, je crus utile de faire participer plus activement la police municipale. dont l'action s'exerce à la fois et de façon continue sur tous les points de Paris, à la surveillance de la prostitution. C'est pourquoi je chargeai des gardiens de la paix, choisis parmi les plus anciens et les plus recommandables, d'exercer cette surveillance concurremment avec les inspecteurs des recherches. Ces gardiens de la paix accomplissent leur service en tenue bourgeoise et restent attachés respectivement à leur quartier.

Jusqu'à ce jour. cette organisation paraît avoir donné de bons résultats.

Quant aux prescriptions spéciales, applicables aux diverses catégories de prostituées : soumises, insoumises et pensionnaires de maisons de tolérance, elles ont été coordonnées dans l'arrêté réglementaire du 15 octobre 1878 (annexe V). Je me contenterai de vous en rappeler ici les principales dispositions.

Filles soumises. — Les filles soumises sont, vous le savez, Messieurs, inscrites, soit sur leur demande si elles sont majeures et non mariées, soit d'office si la nécessité l'exige. Elles sont munies d'une carte d'identité et tenues de se présenter à la visite une fois par quinzaine. Sur ce point, j'ai cru devoir apporter quelques modifications de détail sur lesquelles je reviendrai tout à l'heure. En outre, il est interdit aux filles soumises de paraître sur la voie publique, à certaines heures et en certains lieux, de stationner en groupe et d'adresser aux passants des provocations à haute voix ou avec insistance.

Les punitions prononcées contre elles, soit pour défaut de visite sanitaire, soit pour scandale sur la voie publique, varient de deux à quinze jours et sont subies à la maison de Saint-Lazare ou, dans les cas de maladie vénérienne, à l'infirmerie spéciale qui y est annexée.

Insoumises. — Quant aux filles dites « insoumises » qui sont arrêtées pour faits de débauche dans la rue, elles sont, après leur envoi au dépôt, examinées au dispensaire. Si elles sont reconnues malades, elles sont envoyées à l'infirmerie spéciale de Saint-Lazare jusqu'à complète guérison ; dans le cas contraire, elles sont ou remises à leur famille, ou envoyées en correction paternelle, ou dirigées sur des refuges privés, ou enfin inscrites sur les contrôles de la prostitution par la commission administrative des mœurs.

Maisons de tolérance. — La réglementation des maisons de tolérance a fait l'objet de dispositions particulières. Ces maisons ne sont autorisées qu'après une enquête approfondie. En outre, les tenancières sont prévenues que l'autorisation ne leur est accordée qu'à titre essentiellement précaire et que celle-ci leur serait retirée en cas d'abus, de scandale ou d'infraction aux règlements adminis-tratifs. Les principales prescriptions qui leur sont imposées sont les suivantes : obligation de faire inscrire leurs pensionnaires à la préfecture de police dans les vingt-quatre heures ; défense de recevoir des mineurs de 18 ans ainsi que des élèves des lycées ou des écoles en uniforme.

Quant à la visite des filles, elle est faite tous les huit jours par ùn médecin du dispensaire qui se transporte à cet effet dans chacune des maisons.

Telles sont, Messieurs, dans leurs points essentiels, les dispositions réglementaires qui régissent la police de la prostitution à Paris. Il convient encore d'y ajouter l'ordonnance de police du 25 octobre 1883, relative aux garnis, qui (art. 10) interdit aux logeurs de recevoir habituellement des filles de débauche, ainsi que l'ordonnance de police du 24 février 1888 qui prescrit « qu'aucune fille mineure ne pourra être employée, à un titre quelconque, dans les cafés, cabarets, brasseries ou autres débits de boissons ».

Toutefois, il m'a semblé qu'à certains changements survenus dans les mœurs devaient correspondre certaines modifications dans les règlements en vigueur.

C'est pourquoi, usant de l'initiative qui m'est accordée en cette matière et soucieux de parfaire l'œuvre de mes prédécesseurs, j'ai ordonné plusieurs mesures nouvelles qui n'ont pour but que de garantir plus efficacement le bon ordre et la santé publique.

Permettez-moi de vous les exposer brièvement.

IV. — Modifications apportées au service des mœurs.

Et d'abord, il est un fait à constater : c'est que, depuis trente ans, le nombre des maisons de tolérance établies dans le ressort de la préfecture de police n'a cessé d'aller en décroissant ; en 1871 on en comptait 142 ; ce nombre est actuellement réduit à 48, dont 45 pour Paris et 3 pour la banlieue. Est-ce à dire que la débauche ait diminué? Il n'en est rien. Mais il s'est produit une transformation : les maisons de tolérance ont été remplacées, en grande partie, par les maisons dites « de rendez-vous ».

Le public a perdu le goût de ces établissements à enseigne officielle, à gros numéro, à volets clos, à tambour en vitres de couleur, qui ne sont plus guère visités que par les étrangers, les voyageurs de province et les soldats ; il s'est porté vers les maisons de rendez-vous, où il rencontre plus de discrétion et où, avec un peu d'imagination, il pense trouver le charme de l'imprévu.

Aussi le nombre de ces dernières a-t-il considérablement augmenté. On en compte environ une centaine à Paris. Ces maisons sont installées dans les quartiers d'affaires ou de plaisirs, quelquefois dans des hôtels particuliers, le plus souvent dans de vastes appartements meublés, agencés plus ou moins luxueusement.

Elles sont, en général, tenues par d'anciennes prostituées.

La clientèle varie selon le tarif de la maison et celui-ci selon la qualité des sujets *offerts*.

Quant aux femmes qu'on y rencontre, leur recrutement s'opère surtout parmi les professionnelles de la prostitution, mais aussi dans le monde des théâtres et des magasins.

Les femmes mariées, avec ou sans le consentement de leur mari, les jeunes filles à l'insu de leurs parents, pourvu qu'elles soient jolies, sont sûres d'y être bien accueillies; et, si leurs vêtements habituels manquent du luxe nécessaire, on en tient d'autres à leur disposition.

Aussi, par la facilité qu'elles donnent aux femmes de se dépraver, ces maisons offrent-elles un véritable danger social.

Enfin, Messieurs, jusqu'à ce qu'un règlement intervînt, beaucoup de ces maisons employaient des femmes qui, par suite du défaut de surveillance, n'offraient aucune garantie au point de vue de la santé.

C'est pourquoi j'ai pensé qu'il importait de soumettre les maisons de rendez-vous, qui ne sont en réalité que des maisons de tolérance clandestines, à la surveillance dont celles-ci sont l'objet au point de vue sanitaire. A la date du 14 février 1900, j'ai signé un ordre de service concernant la réglementation des maisons de rendez-vous.

Permettez-moi de vous donner connaissance de ses principales dispositions :

Ordre de service concernant les maisons de rendez-vous.

Les maisons dites « de rendez-vous » sont considérées comme des garnis et, par suite, leurs tenancières sont astreintes aux obligations imposées aux logeurs, sans toutefois qu'il leur soit délivré aucune autorisation spéciale.

Le service des garnis est chargé de leur surveillance.

Tant que ces maisons ne seront pas l'objet de plaintes, il y aura lieu de fermer les yeux à leur endroit sur la pratique des faits prohibés par l'article 10 de l'ordonnance de police du 25 octobre 1883, mais à certaines conditions inspirées à l'administration par le seul souci de sauvegarder la santé publique.

Elles ne devront employer que des filles en carte ou, à défaut, des femmes visitées par les médecins agréés par la préfecture de police.

Une liste de ces médecins sera établie après avis de M. le doyen de la Faculté et fournie par la 1ʳᵉ division (2ᵉ bureau, 3ᵉ section) aux tenancières des maisons de rendez-vous.

Les patronnes de ces maisons devront tenir un registre dont le modèle leur sera donné par le 2ᵉ bureau, et sur lequel elles mentionneront les nom, prénoms, âge et domicile des femmes employées par elles et auquel elles annexeront, collée en regard du nom, une photographie de chacune de ces femmes.

Dans une colonne dudit registre, réservée à cet effet, le médecin de la maison consignera la date et le résultat de ses visites, qui devront être au moins hebdomadaires.

Les femmes reconnues malades seront immédiatement amenées au 2ᵉ bureau par les tenancières ou, si elles s'y refusent, signalées sans délai à l'administration, qui prendra telles mesures que de droit.

Les tenancières des maisons de rendez-vous devront faire en sorte de ne soulever contre elles aucune plainte de la part de leurs voisins.

Elles auront à observer dans la tenue de leurs maisons les conditions ci-après énoncées :

Pas de bruit, pas de scandale à l'intérieur.

Les fenêtres closes de manière que, de l'extérieur, on ne puisse voir ce qui se passe à l'intérieur.

Aucune indication ou signe extérieur décelant la maison de prostitution.

Pas de racolage devant la porte.

Aucune réclame ni publicité.

A l'intérieur, pas de jeux, pas de débit de boissons ni de restaurant, pas de « voyeurs », pas de turpitudes.

Pas de filles mineures.

Les filles ne pourront loger à demeure que dans les maisons occupées en totalité par la tenancière tolérée.

Défense de recevoir des élèves des lycées ou écoles civiles ou militaires ou des jeunes gens au-dessous de l'âge de 18 ans.

Défense de recevoir des femmes en dehors de celles mises à la disposition des clients.

Le service des garnis s'assurera, par des visites fréquentes, que ces conditions sont bien observées et notamment que les femmes se trouvant dans les maisons de rendez-vous figurent bien sur le registre prescrit et ont bien été visitées dans les délais fixés.

Il avisera sans délai la 1ʳᵉ division des infractions qu'il constaterait, afin que des mesures de rigueur soient prises, le cas échéant; contre les maisons qui les commettraient.

Le service des garnis tiendra la 1ʳᵉ division au courant des mutations dans les maisons de rendez-vous, des créations nouvelles, et, d'une façon générale, de tous les incidents pouvant intéresser l'ordre ou la santé publique.

D'ailleurs, toutes ces maisons peuvent s'ouvrir sans que je fasse procéder à une enquête préalable, sans que j'accorde une autorisation, contrairement à ce qui a lieu pour les maisons de tolérance. Tant qu'une maison de rendez-vous ne fait l'objet d'aucune plainte, je me contente d'imposer à la tenancière le livre sanitaire dont il est parlé dans mon règlement du 14 février 1900. Mais, si des plaintes me parviennent, si la tenancière ne remplit pas les obligations prescrites, je n'hésite pas à faire procéder à des descentes de police, qui entraînent la fermeture de la maison.

J'ajouterai, Messieurs, que, jusqu'à ce jour, l'observation de ce règlement semble avoir donné d'assez bons résultats.

Il est un autre point sur lequel j'ai cru devoir, en décembre 1900, apporter quelques modifications : il s'agit de la confection des cartes et du système de visite des filles soumises.

Afin d'empêcher que celles-ci puissent se substituer les unes aux autres lors de la visite au dispensaire, j'ai prescrit que la photographie de chacune d'elles fût appliquée sur sa carte.

D'autre part, j'ai adopté un modèle spécial de cartes pour les filles atteintes de la syphilis : ces dernières ont une carte de couleur rose et sont astreintes à la visite hebdomadaire au lieu de la visite bimensuelle.

Je dépose sur votre bureau un modèle de chacune de ces cartes.

Vous le voyez, Messieurs, les quelques innovations que j'ai introduites dans la réglementation de la prostitution m'ont surtout été inspirées par le souci de protéger la santé publique.

Il me reste maintenant à vous montrer les résultats de cette réglementation, en faisant passer sous vos yeux ce que j'appellerai l'état statistique de la prostitution à Paris.

V. — État statistique.

I. — *Prostitution tolérée.*

FILLES SOUMISES

TOTAL des filles inscrites, considérées comme régulières, au 1ᵉʳ janvier 1902 .... 6.354

INSCRITES pendant l'année 1901 : 1.574.
- D'office... 1.522
  - Majeures 780
  - Mineures 660
  - Mariées 81
- Sur leur demande 52

RAYÉES des contrôles en 1901 : 1.880.
- Par suite de....
  - décès 52
  - mariage 34
- Ayant justifié de moyens d'existence. 77
- Disparues 1.717

ARRESTATIONS opérées en 1901 .... 52.510

MALADES envoyées à Saint-Lazare : 553 (dont 308 syphilitiques).
- Filles de maisons de tolérance.... 17
- Filles isolées 536

II. — *Prostitution clandestine.*

FILLES INSOUMISES

Total des insoumises ARRÊTÉES en 1901 : 3.608.

Majeures : 1.468.
- Inscrites par la commission 635
- Inscrites sur leur demande 52
- Relaxées 781

Mineures : 2.140.
- Rendues à leurs parents.. 415
- Renvoyées dans leur famille 25
- Placées dans des refuges.. 59
- Livrées à la justice (article 66 C. P.)..... 89
- Correction paternelle.... 9
- Relaxées non réclamées. 883
- Inscrites par la commission 660

MALADES envoyées à Saint-Lazare : 705 (dont 353 syphilitiques).

De ces chiffres il résulte que la proportion des filles malades est de près de 20 p. 100 pour les filles insoumises arrêtées, alors qu'elle n'est que d'un peu plus de 8 p. 100 pour les filles soumises.

CONCLUSIONS

Je vous ai exposé, Messieurs, dans ses grandes lignes, la réglementation de la police des mœurs à Paris, et j'ai taché de vous montrer les résultats qu'elle donne.

Les critiques qu'on nous a adressées, à différentes reprises, sont pour la plupart empreintes d'exagération et dénotent une connaissance insuffisante des règlements et des effets de leur application.

Vous avez vu d'ailleurs, Messieurs, quel sort a été réservé jusqu'à ce jour aux tentatives faites pour modifier ou codifier le système actuel.

Est-ce à dire qu'aucune amélioration ne soit possible? Je ne le crois pas. Mais, en attendant qu'une loi intervienne sur cette matière délicate, force nous est de nous contenter des règlements existants, en nous efforçant de les adapter aux exigences nouvelles des mœurs, de l'ordre et de la santé publics.

C'est ce que, pour ma part, j'ai tâché de faire.

Au surplus, le rôle de la préfecture de police ne se borne pas, vis-à-vis des prostituées, à la répression : il est plus haut et plus humain. Vous avez pu voir, Messieurs, par les statistiques que je viens de vous soumettre, qu'un grand nombre de filles mineures sont, grâce à l'intervention administrative, ramenées au bien, remises dans la voie du travail ou rendues à la vie de famille. D'autre part, lorsque, sur leur demande, les filles en carte peuvent faire établir par l'administration — qui procède alors à une enquête très discrète — qu'elles ne se livrent plus à la prostitution, elles sont, sans difficultés, rayées des contrôles du service des mœurs.

La préfecture de police n'exerce donc pas seulement un rôle de répression ; elle accomplit une œuvre sanitaire, morale et humanitaire.

C'est pourquoi, Messieurs, je suis heureux de m'associer à vos études et d'entendre vos avis éclairés. Vous me trouverez tout prêt à mettre à profit ce qui peut contribuer davantage à la santé et à la moralité publiques.

ANNEXES

ANNEXE I

ORDONNANCE ROYALE DU 20 AVRIL 1684.

Les femmes d'une débauche et prostitution publique et scandaleuse, ou qui en prostituent d'autres, seront renfermées dans un lieu particulier destiné pour cet effet dans la maison de la Salpêtrière lorsqu'elles y seront conduites par l'ordre de sa majesté ou en vertu des jugements qui seront rendus à cet effet au Châtelet par le lieutenant de police, à l'encontre des dites femmes, sur les procès qui leur seront instruits, pour y demeurer durant le temps qui sera ordonné.

Sa majesté voulant que les sentences dudit lieutenant de police, en ce fait particulier et dont sa majesté lui a attribué en tant que besoin toute juridiction et connaissance, soient exécutées comme celles des juges en dernier ressort.

Si, en jugeant un procès criminel, les juges à qui la connaissance dudit procès appartiendra trouvent à propos de condamner à la même peine des femmes convaincues du susdit crime de débauche publique, qui se trouveront comprises dans lesdits procès, elles pourront être aussi enfermées dans le même lieu, en vertu des arrêts et jugements qui interviendront pour cet effet.

Lesdites femmes entendront la messe les dimanches et les fêtes, et seront traitées des maladies qui leur pourront survenir, sans sortir du lieu où elles seront renfermées, qu'en cas d'une nécessité indispensable. Elles prieront Dieu toutes ensemble un quart d'heure le matin, autant le soir, et durant la journée on leur fera lecture du catéchisme et de quelques livres de piété, pendant le travail auquel on trouvera à propos de les employer.

Elles seront habillées de tiretaine avec des sabots ; elles auront du pain, du potage et de l'eau pour nourriture, et une paillasse, des draps et une couverture pour se coucher.

On les fera travailler le plus longtemps possible et aux ouvrages les plus pénibles.

On punira les jurements, la paresse au travail, les emportements et les autres fautes que lesdites femmes pourront commettre, par le retranchement du potage, en les mettant au carcan, dans les malaises, durant un certain temps de la journée, ou par les autres voies semblables et usitées dans ledit hôpital, que les directeurs estimeront nécessaires.

Fait à Versailles, le vingtième d'avril 1684.

Enregistré à Paris, en Parlement, le 29e jour d'avril 1684.

ANNEXE II

ORDONNANCE DU LIEUTENANT GÉNÉRAL DE POLICE,
RELATIVE AUX FILLES ET AUX FEMMES DE MAUVAISE VIE, DU 6 NOVEMBRE 1778

1° Faisons très expresses inhibitions et défenses à toutes femmes et filles de débauche de raccrocher dans les rues, sur les quais, places et promenades publiques, et sur les boulevards de cette ville de Paris, même par les fenêtres.

2° Défendons à tous propriétaires et principaux locataires des maisons de cette ville et faubourgs d'y louer, ni sous-louer les maisons dont ils sont propriétaires ou locataires qu'à des personnes de bonnes vie et mœurs, et bien famées, et de souffrir en icelles aucun lieu de débauche à peine de cinq cents livres d'amende.

3°. Enjoignons aux dits propriétaires et locataires des maisons où il aura été introduit des femmes de débauche de faire, dans les vingt-quatre heures, leur déclaration par devant le commissaire du quartier, contre les particuliers qui les auront surpris, à l'effet par les commissaires de faire leurs rapports contre les délinquants, qui seront condamnés à quatre cents livres d'amende, et même poursuivis extraordinairement.

4° Défendons à toutes personnes, de quelque état et condition qu'elles soient, de sous-louer jour par jour, à la huitaine, quinzaine, au mois ou autrement, des chambres et lieux garnis à des femmes ou filles de débauche, ni de s'entremettre directement ou indirectement aux dites locations, sous la même peine de quatre cents livres d'amende.

5° Enjoignons à toutes personnes tenant hôtels, maisons et chambres garnies au mois, à la quinzaine, à la huitaine, à la journée, etc., d'écrire de suite, par jour et sans aucun blanc, les personnes logées chez elles, par noms, surnoms, qualités, pays de naissance et lieux de domicile ordinaire, sur les registres de police qu'ils doivent tenir, à cet effet, cotés et paraphés par le commissaire du quartier, et de ne souffrir dans leurs hôtels, maisons et chambres, aucunes gens sans aveu, femmes ni filles de débauche, se livrant à la prostitution, de mettre les hommes et les femmes dans des chambres séparées, et de ne souffrir dans des chambres particulières des hommes et des femmes prétendus mariés qu'en représentant, par eux, des actes en forme de leur mariage, ou en le faisant certifier par écrit par des gens notables et dignes de foi; le tout à peine de deux cents livres d'amende.

NOTA: Un arrêt de la cour de cassation en date du 1ᵉʳ décembre 1866 a décidé que les infractions aux dispositions de cette ordonnance, qui étaient considérées comme des délits, ne constituaient que des contraventions et devaient être déférées au tribunal de simple police.

ANNEXE III

ORDONNANCE DE POLICE, CONCERNANT LA SÛRETÉ PUBLIQUE, DU 8 NOVEMBRE 1780

ART. 14. — Faisons défense à tous cabaretiers, taverniers, limonadiers, vinaigriers, vendeurs de bière, d'eau-de-vie et de liqueurs au détail, d'avoir leur boutique ouverte, ni de recevoir aucunes personnes chez eux, et d'y donner à boire, passé 10 heures du soir, depuis le 1ᵉʳ novembre jusqu'au 1ᵉʳ avril, et, depuis le 1ᵉʳ avril jusqu'au 1ᵉʳ novembre, après 11 heures. Leur défendons pareillement de recevoir chez eux aucunes femmes de débauche, vagabonds, mendiants, gens sans aveu et filous, le tout à peine de cent livres d'amende.

ANNEXE IV

DISPENSAIRE. — ARRÊTÉ DU 12 JUILLET 1883

NOUS, PRÉFET DE POLICE,

Vu l'arrêté de notre prédécesseur en date du 1ᵉʳ décembre 1874, relatif à la réorganisation et à la réglementation du dispensaire de salubrité établi à la préfecture de police et attaché au fonctionnement du 2ᵉ bureau de la 1ʳᵉ division, dont les attributions comprennent le service administratif des mœurs ;

Vu la déclaration du conseil municipal de Paris en date du 20 novembre 1875 ;

Vu la délibération du conseil général de la Seine en date du 1ᵉʳ décembre 1881, relative à l'inscription au budget départemental d'une somme de 7.800 francs, destinée au payement des honoraires de trois médecins du dispensaire de salubrité chargés des visites dans les maisons de tolérance des communes suburbaines ;

Attendu que, pour assurer l'exécution des délibérations susvisées, il y a lieu de modifier certaines dispositions de l'arrêté précité du 1ᵉʳ décembre 1874 ;

ARRÊTONS:

ARTICLE PREMIER. — L'entrée du dispensaire est absolument interdite au public.

Aucun médecin, n'appartenant pas au personnel du dispensaire, aucune personne étrangère à ce service, ne pourra, sans notre autorisation spéciale, avoir accès dans les salles de visite ni même dans les salles d'attente affectées aux filles inscrites.

Art. 2. — Le personnel médical du dispensaire se compose d'un médecin en chef, d'un médecin en chef adjoint, de 14 médecins titulaires et de 9 médecins adjoints.

Les traitements de ces médecins sont fixés comme il suit :

1	médecin en chef	. . . .	4.100	francs.
1	—	en chef adjoint	3.500	—
1	—	. . . .	3.100	—
4	—	. . . .	2.900	—
3	—	. . . .	2.500	—
4	—	. . . .	2.300	—
2	—	. . . .	2.100	—

Les médecins adjoints ne reçoivent pas de traitement.

Art. 3. — Le médecin en chef ou en son absence le médecin en chef adjoint est chargé de la direction et de la surveillance du service du dispensaire et des travaux de statistique médicale. Il correspondra directement avec nous pour tout ce qui est relatif à ce service.

Art. 4. — Les écritures du bureau médical seront faites par deux médecins du dispensaire, désignés par nous et qui recevront pour ce travail, à titre de supplément d'honoraires, une indemnité annuelle de 900 francs ainsi répartie :

> 400 francs pour les écritures proprement dites ;
> 500 francs pour la statistique médicale.

Le temps employé aux écritures dont il s'agit ne devra pas être pris sur celui consacré au service ordinaire.

Art. 5. — Le service de santé du dispensaire est divisé en service intérieur et en service extérieur.

Art. 6. — Le service intérieur consiste à visiter les insoumises et toutes les femmes inscrites ou à inscrire sur les contrôles de la prostitution, qui se présentent au dispensaire, et à faire à cet égard toutes les vérifications et écritures nécessaires pour assurer le contrôle médical et le rattacher à l'action administrative.

Ce service a lieu tous les jours, les dimanches et fêtes exceptés ; il commence à 11 heures de matin, finit à 5 heures, et comprend ainsi quatre séances de une heure et demie chacune.

Art. 7. — Il y aura toujours à chaque séance deux médecins du dispensaire sans compter le médecin en chef, et, attendu que les visites ne peuvent souffrir aucune interruption, les deux médecins de service seront tenus d'attendre pour se retirer l'arrivée de leurs collègues les remplaçant.

La visite des filles qui se seront présentées avant la clôture de la séance ne pourra jamais être renvoyée au lendemain.

Art. 8. — Le service intérieur est fait par douze médecins titulaires et les médecins adjoints du dispensaire.

Le service devra être organisé de telle sorte que les médecins suppléants n'aient à fournir par semaine que deux séances d'une heure et demie; en outre chaque médecin suppléant devra toujours être assisté d'un médecin titulaire.

Le médecin en chef est de service tous les jours; il est spécialement chargé de la visite des filles insoumises. A son défaut, cette visite est faite par le médecin en chef adjoint.

Art. 9. — Toutes les visites subies par les filles isolées, les filles arrêtées (Dépôt), ou les autres envoyées par le bureau administratif doivent être exactement, et sur-le-champ, inscrites sur les registres du dispensaire.

Art. 10. — Lorsqu'une femme aura été reconnue malade, il en sera fait immédiatement mention au journal courant et sur les registres. On transmettra en outre aux médecins de l'infirmerie de Saint Lazare un bulletin énonciatif des nom et prénoms de cette femme, de sa maladie et de la date de son envoi à l'infirmerie.

Art. 11. — Toutes les fois qu'un médecin du dispensaire aura remarqué qu'une femme est atteinte d'une affection qui la rend suspecte, sans qu'elle paraisse suffisante cependant pour justifier son envoi à l'infirmerie, il consultera ceux de ses confrères présents au dispensaire, et ils prononceront ensemble sur l'ajournement de la mesure ou sur son exécution, s'ils le jugent nécessaire. Dans le cas d'ajournement, la décision prise devra être inscrite sur le registre *ad hoc*.

Art. 12. — Le service extérieur consiste à se rendre chaque semaine, et *à un jour fixe*, dans les maisons de tolérance comprises dans l'enceinte de Paris et dans celles des communes suburbaines du département de la Seine pour y visiter toutes les femmes qui s'y trouvent.

Art. 13. — En ce qui touche les maisons de tolérance situées dans la banlieue, le service sera fait à titre permanent par les trois médecins du dispensaire dont les honoraires sont imputables sur les crédits inscrits au budget départemental. Quant aux maisons de tolérance de Paris, elles seront visitées par les autres médecins du dispensaire (le médecin en chef excepté); mais, attendu que sa surveillance doit s'étendre à toutes les parties du service, il devra, lorsqu'il le jugera utile, s'assurer par des contre-visites, de la bonne exécution des visites sanitaires aussi bien dans la banlieue que dans Paris.

Art. 14. — Le lotissement des maisons de tolérance de Paris en autant de circonscriptions qu'il y a de médecins titulaires (à part ceux qui sont chargés de la banlieue) et leur répartition entre ces médecins seront faits par le médecin en chef, en tenant compte tant du nombre des maisons, des filles qu'elles renferment, que de l'éloignement et de l'étendue des quartiers où elles sont situées.

Ce lotissement et cette répartition sont soumis à notre approbation.

Art. 15. — Les médecins chargés de la visite sanitaire dans les maisons de tolérance des communes suburbaines ne prendront aucune part au service intérieur du dispensaire.

Art. 16. — Chaque médecin remettra au médecin en chef, le lendemain de la visite dans les maisons de tolérance, un bulletin qui comprendra le nombre des filles de maisons visitées, les noms de celles qui, ayant été trouvées malades, ou qui, ayant manqué à la visite, devront se rendre au dispensaire, et être, à ce titre, signalées au bureau administratif, enfin les noms des filles qui auront été mises en observation pour faire l'objet de l'examen prescrit par l'article 11.

Art. 17. — Tous les trois mois, les médecins du dispensaire chargés des visites dans les maisons de tolérance de Paris changeront de circonscription en suivant un ordre de roulement basé sur l'ancienneté des services. Quant aux médecins chargés de la banlieue, ils changeront de circonscription tous les quatre mois.

Art. 18. — Doivent être considérées comme faisant partie du service extérieur les visites à domicile faites aux filles isolées qui, pour cause de maladie, ont demandé à notre administration et ont obtenu d'être visitées chez elles. Ces sortes de visites seront réparties entre les médecins titulaires par le médecin en chef.

Art. 19. — Les envois à l'infirmerie de Saint-Lazare et l'expédition des bulletins de santé sont décidés en dernier ressort par les médecins de service. La solution de toutes les autres questions, et particulièrement celle du renvoi à l'infirmerie de Saint-Lazare des filles qui viennent d'en être ramenées, est réservée au médecin en chef.

Art. 20. — Les médecins du dispensaire ne pourront s'absenter de leur service, même pour un seul jour, sans en prévenir le médecin en chef et sans qu'il ait pourvu à leur remplacement. Si l'absence ne dépasse pas huit jours, la suppléance sera faite, à titre gratuit, par les médecins adjoints. Si l'absence doit durer plus de huit jours, elle devra faire l'objet d'une demande de congé.

Art. 21. — Aucun congé ne sera accordé par nous si nous n'avons reçu du médecin en chef une attestation portant que le service du médecin qui demande à s'absenter est assuré.

Art. 22. — Les médecins autorisés par nous à s'absenter de leur service, pour cause de maladie, conserveront leurs honoraires, et ils seront remplacés au moyen du concours successif de tous les médecins du dispensaire, titulaires et adjoints, y compris le médecin en chef et le médecin en chef adjoint.

Dans les cas de congés demandés pour toute autre cause par les médecins titulaires, et sauf le cas où le médecin qui voudrait s'absenter justifierait de l'engagement pris par un de ses confrères de le remplacer sans préjudice, pour son propre service, la suppléance du médecin absent sera faite par l'un des médecins adjoints, en faveur duquel il devra dès lors abandonner la moitié de ses honoraires.

L'ordre de ces suppléances entre les médecins adjoints sera déterminé par l'ancienneté de service et, en cas d'égalité sous ce rapport, par la voie du sort, à moins d'entente confraternelle.

Art. 23. — Hors le cas prévu et indiqué à l'article 18 et sous aucun prétexte, aucune visite à domicile aux filles inscrites à la police ne peut être faite par les médecins du dispensaire. Ils ne pourront non plus les recevoir à leurs consultations particulières.

Art. 24. — Aucun renseignement administratif ou médical relatif au service du dispensaire ne pourra être communiqué ou publié par les médecins sans notre autorisation expresse.

Art. 25. — Le médecin en chef réunira au bureau médical tous ses confrères toutes les fois qu'il le jugera convenable pour conférer avec eux et recueillir leurs observations sur tout ce qui est relatif au service.

Art. 26. — Il nous transmettra chaque mois un rapport sur le résultat des opérations mensuelles du dispensaire et, chaque année, un rapport général contenant les diverses observations que le bureau médical aura recueillies pendant l'exercice journalier de ses fonctions.

Art. 27. — Lorsque le médecin en chef croira utile de prendre auprès des maîtresses de maisons et des filles publiques des renseignements d'une nature quelconque, il les fera venir au dispensaire par l'intermédiaire du chef de bureau administratif. Il proposera de prendre à l'égard de celles-ci toutes les mesures qu'il jugera convenables dans l'intérêt du service.

Art. 28. — Un garçon de service est attribué au dispensaire. Il est sous les ordres des médecins.

Art. 29. — Toutes demandes d'objets utiles au dispensaire seront faites par le médecin en chef.

Art. 30. — Les anciennes dispositions réglementaires ou les pratiques consacrées par l'usage, qui ne sont pas contraires au présent règlement, continueront à avoir leur exécution.

Art. 31. — Le médecin en chef du dispensaire, le chef de la 1re division et le commissaire-interrogateur, chef du 2e bureau, comme ayant dans leurs attributions la partie administrative du service des mœurs, sont chargés, chacun en ce qui le concerne, de l'exécution du présent arrêté.

Le Préfet de police,
CAMESCASSE.

ANNEXE V

RÈGLEMENT POUR LE SERVICE DES MŒURS DU 15 OCTOBRE 1878

NOUS, PRÉFET DE POLICE,

ARRÊTONS:

ARTICLE UNIQUE. — L'instruction réglementaire du 16 novembre 1843 concernant les diverses opérations du service des mœurs est et demeure modifiée comme il est dit ci-après. Elle sera imprimée et remise aux commissaires de police ainsi qu'à tous les employés des services intéressés.

Le Préfet de police,
ALBERT GIGOT.

Instruction réglementaire concernant les diverses opérations du service des mœurs.

I. — Prostitution clandestine.

§ 1. — *Perquisitions et visites dans les maisons particulières, dans les hôtels garnis et dans les cabarets et débits de boissons.*

Les inspecteurs du service actif des mœurs, à qui une maison particulière ou un hôtel garni aura été signalé comme lieu clandestin de prostitution, en informeront immédiatement leur officier de paix, qui adressera un rapport au chef de la police municipale.

Le chef de la police municipale fera procéder à une information précise et scrupuleuse dont il sera rendu compte au préfet de police par le chef de la 1re division, qui lui proposera, s'il y a lieu, de décerner un mandat de perquisition.

Ce mandat, délivré en vertu de l'article 10 de la loi du 22 juillet 1791 et exécutoire à toute heure de jour et de nuit dans le cas de notoriété, sera ensuite transmis au chef de la police municipale avec une note contenant les indications propres à en faciliter l'exécution.

Les inspecteurs chargés de l'opération se rendront chez le commissaire de police du quartier pour l'avertir de leur mission, afin qu'il soit prêt au moment où son intervention sera réclamée.

L'autorisation de loger en garni, accordée aux filles publiques qui, en raison de leur âge ou de leurs infirmités, ne peuvent se placer en maison de tolérance et n'ont pas d'ailleurs le moyen de loger dans leurs meubles, n'a d'autre but que de leur assurer un asile et ne peut les soustraire aux conséquences de la contravention qu'elles commettraient en se livrant à la prostitution dans le garni qu'elles habitent.

Il y aurait lieu, dès lors, d'arrêter ces filles si, par suite de visites opérées en vertu de mandat, elles étaient trouvées avec des hommes qu'elles auraient provoqués, fait qui constituerait d'ailleurs à la charge des logeurs la contravention à l'article 5 de l'ordonnance du 6 novembre 1778; mais il n'en devrait pas être de même à l'égard des filles trouvées avec des hommes dont elles partageraient le logement à titre de concubines, circonstance qu'il serait facile d'établir par le relevé du registre de police.

Quant aux cabarets ou autres débits de boissons dans lesquels on favorise notoirement la prostitution clandestine, les commissaires de police peuvent y pénétrer sans mandat jusqu'à l'heure de la fermeture, et même plus tard si ces établissements restent ouverts contrairement aux ordonnances de police.

Ils pourront visiter les locaux réservés au public afin de constater, au besoin, les infractions à l'article 14 de l'ordonnance du 8 novembre 1780.

Les inspecteurs qui, dans le cours de leur surveillance, remarqueraient des faits constituant ces infractions devraient en avertir le commissaire de police du quartier(1).

---

(1) N.B. — La cour de cassation a décidé par plusieurs arrêts (30 juin et 14 juillet 1838 et 30 mars 1839) que les procès-verbaux ou rapports des inspecteurs de police ne peuvent faire seuls, en l'absence de toute autre preuve, foi des contraventions qu'ils constatent, et qu'il en est de même d'un procès-verbal dressé par un commissaire de police, sur le rapport des inspecteurs, lorsqu'il n'a pas lui-même vérifié les faits.

Il ne résulte pas de cette jurisprudence que les agents n'aient pas le droit de constater les contraventions, mais leurs rapports doivent être validés soit par l'aveu des contrevenants qui reconnaissent pour constants les faits à eux imputés, soit par les moyens que le tribunal juge à propos d'indiquer.

§ 2. — *Des filles insoumises.*

Les inspecteurs doivent agir avec la plus grande circonspection à l'égard des filles insoumises qu'ils rencontrent sur la voie publique et ne les arrêter qu'à la suite d'une surveillance et après la constatation de faits précis et multipliés de provocation à la débauche.

Il y aura lieu de procéder à l'arrestation d'une fille insoumise, dans un lieu public notoirement ouvert à la prostitution, lorsqu'il y aura trace de flagrant délit ou aveu, de la part de la fille ou de l'homme trouvé avec elle, que cette fille a provoqué à un acte de débauche.

Dans quelques circonstances qu'elles aient été arrêtées, les filles insoumises seront conduites, dans le plus bref délai, au bureau du commissaire de police du quartier où l'arrestation aura eu lieu, conformément aux prescriptions de la circulaire du 24 mars 1837, pour y être interrogées sans retard.

Les inspecteurs observeront toujours vis-à-vis de ces femmes les convenances que commande la dignité de l'administration, sauf à faire constater juridiquement les outrages ou les voies de fait dont ils auraient été l'objet de leur part. Il s'abstiendront, de la manière la plus absolue, de tout moyen de provocation.

Les inspecteurs qui mettront une fille insoumise à la disposition d'un commissaire de police déposeront entre les mains de ce fonctionnaire, à moins qu'il ne reçoive leur déclaration circonstanciée, un rapport détaillé énonçant les faits imputés à cette fille.

Les inspecteurs qui auront mis une fille insoumise à la disposition d'un commissaire de police ou qui auront assisté un commissaire de police dans l'arrestation d'une fille insoumise, en vertu d'un mandat, dans un lieu public, vérifieront immédiatement si cette fille est réellement domiciliée à i'adresse qu'elle aura indiquée et si elle est connue des personnes chez lesquelles elle aura déclaré avoir servi ou travaillé.

Il prendront, avec soin, des renseignements sur sa conduite et ses moyens d'existence et en rendront compte par un rapport spécial au chef de la police municipale qui transmettra ce rapport au chef de la 1re division.

Les inspecteurs ne perdront jamais de vue que l'objet des perquisitions et visites faites en vertu de mandats est la recherche des femmes ou filles qui se livrent à la prostitution publique, et non de celles qui n'ont à se reprocher qu'un fait de débauche privé, lequel, pour être répréhensible, ne doit pas cependant exposer celle qui s'en rend coupable aux conséquences qui ne doivent atteindre que les vraies prostituées.

Ainsi, de ce qu'une femme est trouvée, dans une maison garnie ou dans un lieu public, en état flagrant de débauche, il ne résulte pas contre cette femme imputation suffisante de prostitution, si elle est en relations habituelles avec l'homme qu'elle accompagne, et s'il n'est articulé aucun fait de provocation à la débauche moyennant argent. Il est expressément recommandé lorsque des femmes sont trouvées couchées seules, même dans des maisons mal famées, de ne point procéder à leur arrestation, à moins que les circonstances ne donnent aux commissaires de police la conviction que ces filles viennent de se livrer à un acte de prostitution.

Les commissaires de police devront examiner, avec soin et dans le plus bref délai, les circonstances qui ont donné lieu à l'arrestation des filles insoumises; ils décideront, après avoir entendu la personne arrêtée, si l'arrestation doit être maintenue. Dans le cas où ils jugeraient utile de procéder d'urgence à certaines vérifications, ils pourront y pourvoir en faisant adresser un télégramme au chef de la police municipale par le poste de l'officier de paix de l'arrondissement.

Il dresseront procès-verbal de l'interrogatoire auquel ils auront soumis les personnes arrêtées.

Il leur est expressément interdit de se servir pour cet interrogatoire de formules imprimées.

II. — Prostitution tolérée.

1° *Maisons de tolérance.*

Les inspecteurs doivent exercer une surveillance journalière sur les maisons de tolérance, à l'effet de s'assurer qu'il ne s'y passe rien de contraire à la tranquillité publique et au bon ordre, et que les maîtresses de maison se conforment rigoureusement aux conditions particulières qui leur sont imposées, ainsi qu'aux obligations d'ordre général, notoirement en ce qui concerne la mise et le nombre des filles qui peuvent circuler et les heures de sortie et de rentrée.

Quant aux entrées et aux sorties qui ont lieu furtivement, après l'heure de fermeture, elles ne constitueraient une contravention punissable qu'autant qu'il en résulterait un bruit de nature à troubler le repos public.

Les inspecteurs rendront compte, sans retard, par un rapport spécial, de tout fait grave ou extraordinaire qui se passerait dans ces maisons et rappelleront sans cesse aux maîtresses qu'elles doivent en donner immédiatement avis au commissaire de police de leur quartier, quand elles ne pourront en informer en temps opportun le bureau administratif ou l'officier de paix de l'attribution des mœurs.

Ils veilleront à la rigoureuse observation de la défense faite aux maîtresses de maison de recevoir des élèves des lycées ou écoles civiles ou militaires en uniforme ou des jeunes gens au-dessous de l'âge de dix-huit ans, et signaleront les infractions commises.

2° *Filles inscrites.*

Les inspecteurs veilleront constamment à l'exécution de toutes les dispositions de l'arrêté du 1er septembre 1842.

Ils exigeront des filles isolées, soit dans les visites des garnis et autres lieux, soit dans le cours de leur surveillance sur la voie publique, la représentation de leur carte, afin de s'assurer de leur exactitude à la visite; et de rechercher les retardataires qui leur auraient été signalées par les bulletins semi-mensuels délivrés par le bureau administratif.

Ils accompagneront, au besoin, à leur domicile celles dont ils auraient des raisons de suspecter la véracité au sujet de l'absence de leur carte.

Les inspecteurs qui, chargés d'amener une fille inscrite au bureau administratif, ne l'auront pas trouvée à son domicile se borneront à rendre compte de cette circonstance, sans laisser trace de leur mission, afin de ne pas donner à la fille recherchée l'idée de disparaître.

3° Filles disparues.

La recherche des filles *disparues* doit être faite avec la plus grande circonspection.

Les inspecteurs devront se borner, à l'égard des filles disparues qui seraient rentrées dans leur famille, qui se livreraient à un travail honnête ou qui ne paraîtraient plus tirer leurs moyens d'existence de la prostitution publique, à faire connaître, par un rapport particulier, la situation actuelle de ces femmes.

Ils n'amèneront au bureau administratif que les filles *disparues* qui seraient trouvées dans des maisons de tolérance, chez des filles publiques ou dans des lieux publics ouverts à la prostitution, et celles qui, rencontrées sur la voie publique, dans une maison garnie ou particulière, ne seraient dans aucun des cas d'exception susénoncés.

III. — Translation à la préfecture des filles arrêtées.

Les filles publiques que les inspecteurs arrêteront dans Paris ou dans la banlieue et qu'ils ne pourront amener immédiatement à la préfecture de police seront déposées dans les postes, d'où elles seront transférées au Dépôt.

IV. — Dispositions particulières.

1° Outrages publics à la pudeur. Sodomie.

La surveillance des inspecteurs du service actif des mœurs s'étendra sur tous les délits d'outrage public à la pudeur, et principalement sur les actes de sodomie.

Mais ils s'abstiendront expressément de tout moyen qui paraîtrait avoir le caractère de la provocation et s'attacheront surtout à constater le flagrant délit.

Le fait de sodomie tenté ou consommé dans un lieu ouvert au public constitue le délit d'outrage public à la pudeur.

V. — Service administratif.

Préalablement à toute opération, le commissaire-interrogateur chef du bureau des mœurs devra procéder à l'examen des pièces relatives à l'arrestation des filles insoumises, afin de rechercher les cas où il y aurait lieu de surseoir à la visite corporelle.

L'interrogatoire des filles insoumises est fait par le commissaire-interrogateur en personne; il donne lecture à la fille des déclarations par elle faites et lui fait signer le procès-verbal dressé à cette occasion. Il entend, au besoin, les agents.

Lorsqu'il s'agira de procéder à l'inscription d'une fille insoumise majeure qui refuse de se soumettre aux obligations sanitaires et administratives ou d'une fille insoumise *mineure*, au lieu de se borner comme on l'a fait jusqu'ici à un exposé écrit des faits, la décision sera réservée à une commission composée du préfet ou de son délégué, du chef de la 1re division et du commissaire-interrogateur. Cette commission entendra la femme arrêtée et les agents.

Il importe de rappeler que les filles publiques, au moment de leur inscription, reçoivent un avis imprimé portant qu'elles peuvent obtenir leur radiation des contrôles de la prostitution sur leur demande, et s'il est établi par une vérification, faite d'ailleurs avec discrétion et réserve, qu'elles ont cessé de se livrer à la débauche.

En ce qui touche les punitions disciplinaires à infliger aux filles inscrites, on continuera de procéder comme aujourd'hui, c'est-à-dire que les punitions seront infligées par le préfet, sur les propositions du commissaire-interrogateur, visées par le chef de la 1re division. Toutefois, dans le cas où une fille inscrite réclamerait contre la punition qui lui est infligée, sa réclamation sera portée sans délai devant une commission composée du préfet de police ou de son délégué assisté de deux commissaires de police de la ville de Paris appelés à tour de rôle.

Cette commission statuera après avoir entendu la personne arrêtée ainsi que les agents s'il y a lieu.

Lorsque la commission ne sera pas présidée par le préfet personnellement, sa décision devra être ratifiée par lui.

Afin d'assurer la permanence du service, le sous-chef de la 3e section du 2e bureau sera nommé commissaire-interrogateur suppléant, mais il n'interviendra qu'en cas d'empêchement du commissaire-interrogateur titulaire.

Service médical.

Bien qu'il ne se soit produit aucun cas où la visite corporelle ait été faite de force, il sera recommandé au service médical de s'abstenir d'y procéder dans le cas où il rencontrerait une résistance.

L'incident sera, dans ce cas, immédiatement porté à la connaissance du préfet.

MODÈLES DE CARTES

Carte blanche.

Recto.   Verso.

1902

CADRE réservé à la photographie

Nom

Prénoms

né à
le

Les visites auront lieu le ...... de chaque mois.

Lorsque la visite tombera un dimanche ou un jour férié, elle sera remise au lendemain.

Les jours fériés sont : le 1er Janvier, le Mardi-Gras, le Vendredi-Saint, le Lundi de Pâques, l'Ascension, le Lundi de la Pentecôte, le 14 Juillet, le 15 Août, la Toussaint et le Noël.

MOIS	1re QUINZAINE	2e QUINZAINE
Janvier		
Février		
Mars		
Avril		
Mai		
Juin		
Juillet		
Août		
Septembre		
Octobre		
Novembre		
Décembre		

Carte rouge.

Recto.   Verso.

1901

CADRE réservé à la photographie

Nom

Prénoms

né à
le

Les visites auront lieu le ...... le ...... de chaque mois.

Lorsque la visite tombera un dimanche ou un jour férié, elle sera remise au lendemain.

Les jours fériés sont : le 1er Janvier, le Mardi-Gras, le Vendredi-Saint, le Lundi de Pâques, l'Ascension, le Lundi de la Pentecôte, le 14 Juillet, le 15 Août, la Toussaint et le Noël.

MOIS	1re SEMAINE	2e SEMAINE	3e SEMAINE	4e SEMAINE
Janvier				
Février				
Mars				
Avril				
Mai				
Juin				
Juillet				
Août				
Septembre				
Octobre				
Novembre				
Décembre